365일 매일 읽는
향기로운 시 한편

365일 매일 읽는
향기로운 시 한편

용혜원 지음

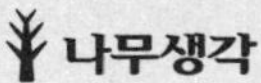

작가의 말

시는 삶의 표현입니다.

만나고, 보고, 느끼는 모든 것을

시로 표현할 수 있다면

참 행복할 것입니다.

제 삶에서 가슴속으로 찾아온 것들을

짧은 시로 표현해 보았습니다.

이 시를 만나는 분들도

매일 삶에서 만나는 모든 것들을 시로 표현해 본다면

더욱더 행복할 것입니다.

시는 모든 창조 작업의 시작입니다.

2011년 1월 일산에서

용혜원

1

JANUARY

JANUARY

새해 새 아침

찬란하게 동트는

희망의 새 아침

태양이 힘차게 솟아올라

새해를 화창하게 만든다

시는 맑은 영혼을 노래한다.

JANUARY

겨울산

함박눈이 내리자
산들이 한순간에
하얗게 분칠하고
웃으며 반긴다

심장이 불타오르는 마음으로 시를 쓴다.

JANUARY

낡은 시계

가치가 없다고
하찮게 여기지 말라
낡은 시계에서도
새로운 시간이 울린다

시는 살아 있는 파도처럼 격정적이지만
잔잔한 마음에서 시작된다.

JANUARY

가로등

누가 보고 싶었을까
다리를 쭉 뻗고
고개를 쑥 내밀고
온종일 한 곳만 바라보고 있다

사랑, 기쁨, 감사, 고독, 절망, 감동,
고통 등 모든 감정을 표현한다.

JANUARY

바위

무슨 생각을
골똘히 하길래
꽉 엎드려 꼼짝달싹 않는지
궁금하다 궁금해

시를 쓰는 것은 절망과 고통 속에서도
보람 있고, 의미 있고, 살맛나는 일이다.

JANUARY

수평선

누가 바다 끝에

저렇게 아름다운

금 하나를

그어놓았을까

연상하고 이미지를 만드는 것은

창작에 있어 가장 중요한 일이다.

JANUARY

저녁노을

저 뜨거운 불덩어리

가슴에 껴안고

견딜 수 없으니

드디어 지고야 마는구나

한 편의 시는 언어로 그린 그림이다.

JANUARY

술잔

욕정이 얼마나
불타오르면 날마다
낯선 입술을 끌어당겨
입 맞추며 적셔주는가

시의 씨앗은 삶 속에서 만들어진다.

JANUARY

녹차

녹차 한 잔
입술에 적시니
초록 향기가
입 안 가득하다

시는 인생을 벗어날 수 없다.

JANUARY

막국수

시장기 가득한 날
막국수 한 사발
후루룩 면발 당기면
국물 맛이 끝내준다

자신의 삶에 생동감이 있어야
다른 사람의 심장을 뛰게 하는 시가 완성된다.

JANUARY

한밤중에 내린 눈

한밤중에

왜 눈이 내렸을까

사랑하는 이 오시는 길

발자국 남겨놓았다

우리를 포근하게 감싸주는

사랑의 말들이 녹아 있다.

JANUARY

강물 1

뜨거운 가슴에서

흐르는 강물은

언제나 마르지 않는

그리움이다

감동을 주어야 한다.

독자의 가슴에 살아 있는 시가 되어야 한다.

JANUARY

별

별들은 밤마다
모여서 무슨 말을 할까
깜깜한 밤에
반딧불 축제를 벌이고 있다

감각의 폭이 넓다는 것은
폭넓게 살고 있다는 것이다.

14

JANUARY

커피 1

외로움에 앙상해질 때
진한 에스프레소에
고독을 타서 마시면
삶의 깊이를 느낄 수 있다

시는 삶이란 바다를 헤쳐 나가는 데 필요한
나침판이며 고독한 인생 일기다.

JANUARY

세월

세월을 낚으려 했더니
나를 낚아
청춘은 빼앗아 가버리고
주름살만 깊게 파놓았다

시인을 시인으로 만들어주는 것은 독자이다.

JANUARY

이별 1

마음의 문고리가

바뀌던 날

이별이

시작되었다

시는 무엇이며, 왜 시를 쓰고 있는가.

어떤 삶을 살고 있느냐가 그 답을 말해 준다.

동백꽃

욕망을
불태우고 싶어
핏빛 불덩이로
꽃피웠다

시란 참혹한 시대를 밝혀주는 별과 같다.
진리가 살아 있다면 더 빛을 발할 것이다.

JANUARY

나무 1

얼마나 잘못했기에

눈이 오나 비가 오나

손을 번쩍 들고

벌서고 있을까

사랑과 자유의 문이 활짝 열릴 때까지

시를 써야 한다.

19

JANUARY

연

바람만 불면
하늘 높이
날아오르는 걸 보면서
사랑에 폭 빠졌다

천지사방에서 시가 나를 부른다.
그렇지 않았다면
살아 있는 시를 쓸 수 없을 것이다.

JANUARY

집으로 간다

온종일 발목을 잡던
일이 끝나면
아내가 보고 싶어 집으로 간다
나는 행복한 남자다

시는 시대상을 반영하고
우리가 세상을 바라보는 모습을 보여준다.

JANUARY

등대

캄캄한 밤
막막한 기다림에
뼈골 삭도록 아파
눈동자에 불을 켰구나

시는 삶을 보고, 느끼고,
이해하고, 쓰고, 알리는 것이다.

JANUARY

고양이

술래잡기를 하는 놈이
야옹야옹 소리를 내며
찾으면 어떡하느냐
벌써 도망치고 말겠다

시를 읽을 때마다 감동한다.
시인들의 살아 있는 표현이 너무나 독특하기 때문이다.

JANUARY

한밤중

선잠에서 깨어나니
마음에 고인 시 한 편
방죽 터지듯이
쏟아져 내렸다

시 한 편을 쓸 때마다 몸의 모든 힘이 빠져나가지만
완성될 때 느껴지는 행복감에 다시 쓴다.

JANUARY

고속버스

낯선 사람들끼리
우연히 만나
가장 가까이 앉아
전혀 모른 척 떠나간다

시를 쓰기 위해서는
끊임없는 도전과 변화와 열정이 필요하다.

JANUARY

외면

누구일까

등 돌리고

돌아선 사람

참 밉다

시에 대한 열정은 곧 삶에 대한 열정이다.

JANUARY

사랑의 등불

사랑의 등불 하나
남보다 먼저 마음에
켜놓고 살면
이웃들이 아름답게 보인다

미처 발견하지 못한 것을 발견하고
표현할 수 있을 때 시가 완성된다.

JANUARY

빨래

몸뚱이가 빠져나간 후
홀가분하게 목욕을 하고
바람에 나부끼는 모습이
편하게 보인다

시인에게 시는 기쁨이다, 감동이다, 축복이다.
삶 그 자체다.

JANUARY

새

허공을 움켜쥐려고

날았지만

하늘은 마음껏

날아보라고 자유를 주었다

우리 안에 시의 싹이 떨어져

마음껏 자라나 주기를 바란다.

JANUARY

그리움 1

끊임없이 밀려오는

파도처럼

자꾸 생각이 나서

걷고 또 걸었다

시인에게는 고독이 필요하다.

명상과 침묵의 시간이 필요하다.

JANUARY

사랑의 지도

내 마음에
사랑의 지도를 펼치면
그대를 찾아가는
길을 가르쳐준다

시는 이 세상에 존재하는 모든 것을
이미지화하여 생명을 불어넣는다.

JANUARY

벽난로

타닥타닥 장작 타는
소리를 들으며
커피향에 취해 나누는 이야기는
갈수록 깊어진다

시는 메마르고 삭막한 삶에
한줄기 소나기처럼 살아갈 힘을 준다.

FEBRUARY

FEBRUARY

창문

그리워질 때

열리고

잊어버리고 싶을 때

닫힌다

시인이 시를 쓰지만

감동은 독자들 마음속에서 이루어진다.

FEBRUARY

강물 2

낮추고 또 낮추어

아래로 아래로 흘러가면

강물이 되고

넓디넓은 바다가 된다

글자로만 연결되어 있다면

아무런 의미와 역할을 할 수 없을 것이다.

FEBRUARY

뜨거운 목숨

마음에 불 질러놓고

혼자 떠나버리면

타오르는 뜨거운 목숨은

어찌해야 하는가

시인은 언제나 목마르다.

시에 대한 사랑이 클수록 그리움도 깊다.

FEBRUARY

고독

쿡쿡 쑤셔오는
그리움 탓에
외로움을 씹었더니
울음만 터져나온다

자기만의 언어 표현을 가져야 한다.

FEBRUARY

바람

어디서 불어오는지
만나자마자 헤어지는
너무나 짧은 인연을 슬퍼하기도 전에
훌쩍 떠나고 마는구나

시를 읽지 않는 시대는 불행한 시대이다.

한

사무치던 그리움이
한순간에 깨져버려
꽃도 피지 못할
설움만 남았다

마음에 담긴 표현이 터지듯이
쏟아져 나와야 한다.

FEBRUARY

연필

까맣게 탄 심으로

시 한 편 써 내리면

선명하고

진한 향기가 난다

시인은 일생 동안 삶 속에서

사랑과 낭만과 멋을 찾는 사람이다.

사과

붉은 유혹에
한 입 덥석 깨물었더니
피는 쏟아지지 않고
하얀 속살만 보인다

시는 사람들과 진실하게 소통할 수 있는
생명력 있는 언어다.

FEBRUARY

느티나무

그리움이 얼마나 크기에

오랜 세월

제자리 지키고 서서

떠나지 못하고 있을까

시는 새로운 세계로 떠나는 여행이다.

FEBRUARY

겨울의 끝

눈에 보이는 건
하얀 눈 쌓인 풍경인데
햇살이 따뜻하니
사랑하는 이 더욱 보고 싶다

시는 삶의 외침이며
심장 속에서 터져 나오는 생명의 소리다.

FEBRUARY

고백

귀가 아니라 마음에
영원히 잊지 말라고
사랑한다
말하고 싶다

나라는 존재가 없어졌을 때
절정의 언어가 쏟아져 내린다.

FEBRUARY

기억 1

흘러간 세월 속에

가장 또렷이

남아 있는

시간의 흔적

시인으로 살아가는 삶을 알면

마음가짐과 가치관이 달라진다.

FEBRUARY

우리

우리 둘은
한 마음이 되고 싶어
사랑하고
결혼하였다

머무는 곳 어디에서든지 시를 쓸 수 있다.

14

FEBRUARY

욕심

생피 끓이고 잡아 당기면
많아질 것 같아도
결국 손에 잡히는 것 하나 없이
한순간에 사라지고 만다

시는 삶을 살아가는 몸짓이다.

FEBRUARY

발

항상 어디론가
떠나고 싶어 한다
고맙다 네가 있어
구경 한번 잘한다

시인의 가슴에는 온 세상이 들어 있다.
그것이 시가 되어 쏟아진다.

16

FEBRUARY

감자

속옷도 안 입고

있었나

홀랑 깎았더니

알몸만 남는다

삶의 독백이며 고독이 응집된 울음이다.

FEBRUARY

낮달

밤새 그와 만나
속삭이고 헤어지더니
얼마나 보고 싶었으면
낮에도 떴을까

사람들이 부르는 노래가 되고
사랑을 전하는 편지가 되어야 한다.

FEBRUARY

청국장

부추와 함께 비벼서
콩알을 씹어 먹으면
풋풋한 고향의 맛
어머니의 맛을 선물한다

생명 다하는 날까지 사랑하고 시를 쓰는 것은
시인의 운명이다.

FEBRUARY

소나무

사철 푸르게
우뚝 서 있는 모습이
보고만 있어도
마음 든든하다

시는 자연에게 보내는 러브레터이다.

FEBRUARY

회상

지나온 삶
되짚어 보는 시간
너무도 빠르게 흘러가버려
찡한 아쉬움만 남는다

시를 쓴다는 것은 추억을 안고 사는 일이다.
추억이 없는 사람은 시인이 될 수 없다.

FEBRUARY

봄비

촉촉이 내리니
마음이 풀려
보고픈 이 떠오르지만
가고픈 길은 참 멀다

새들이 자기 이름으로 울 듯이
시인도 자기 목소리로 시를 써야 한다.

FEBRUARY

나무 2

겨울을 잘 이겨내더니
키 높이를 더하려고
들썩거리기 시작했다
얼마큼 더 자라고 싶은 것이냐

고통은 시를 통해 또 다른 모습으로 태어난다.

FEBRUARY

새벽 시장

살기 싫거든

새벽 시장에 가보라

참 열심히들 산다

삶이 무엇인지 알 수 있다

고독, 절망, 슬픔, 죽음, 삶의 사투를 다루는 언어가
바로 시다.

FEBRUARY

들판

햇살이 모여드는

초록 들판에서는

들풀들의 순결한 이야기가

수많은 색깔로 피어난다

시는 시간을 담는다. 살아온 삶만큼

그 깊이와 높이 넓이가 담겨 있다.

FEBRUARY

갈매기

왜 떠도는가

왜 맴도는가

왜 우는가

그리움 탓이다

시를 통해 독자와 소통이 되었을 때
독자는 시에 감동한다.

FEBRUARY

봄소식 1

언제 올까
까맣게 멀던 봄소식이
봄비 한 번 내리자
초록빛이 의기양양해졌다

시를 쓴다는 것은 솔직함에 도달하기 위하여
마음을 쓴는 일이다.

FEBRUARY

긴장

시간이 멈추어버린 듯

팽팽하게 당겨진

끊어질 듯한 걱정에

질기고 질긴 피로가 쌓였다

시인은 상상력으로 동원하여

일상의 현실을 변화시키는 임무를 맡았다.

FEBRUARY

봄소식 2

온 땅이
초록으로 물들고 싶어
비 부르며
소리 지르고 있다

수많은 사람들의 삶을 변화시켜주기 때문에
시는 위대하다.

MARCH

MARCH

봄소식 3

꽃들의 웃음판이 벌어져

다시 찾아온 봄을

축하의 노래로

마음껏 환영한다

자신의 생각과 행동과 결과를 잘 조화시켜야 한다.

MARCH

봄나물

겨우내 돋아나기를

손꼽아 기다렸더니

향긋하고 개운한 맛으로

입맛 나게 한다

사색과 명상을 통하여 시가 탄생된다.

MARCH

만남

만나면 좋고

함께 있으면 더 좋고

헤어지면

늘 그리운 사람이 되자

시인은 죽는 날까지 변화해야 하는

고단한 운명을 타고났다.

MARCH

민들레

그리운 얼굴
꿈길에서 만난
곱디고운 소녀처럼
해맑게 웃는다

언제나 자신감을 갖고 열정을 쏟아야 한다.

MARCH

유채꽃

미칠 듯 사랑하고 싶어
노랗게 튀어나온 입술로
질투의 말들을
끝없이 쏟아내고 있다

시는 사람들 간의 마음을 잇는 통로이다.

MARCH

할미꽃

외로운 산길에서
떠나가버린
세월이 안타까워
고개 숙이고 혼자 울고 있다

시인은 세상을 향한 시선을 놓지 말아야 한다.

MARCH

야생화

작은 꽃들이
어쩌면 이렇게
예쁘게 피어날까
맑은 영혼을 가졌나 보다

시는 때로는 잡초와 같다.
세상 어디에나 있으며 끊임없이 자라난다.

MARCH

이슬비

속속들이 스며드는

촉촉한 감촉에

새싹들이 놀란 듯 반기며

쏘옥 쏙 돋아난다

시가 돋아나는 들판으로 시인이 걸어간다.

MARCH

희망

초록 새싹에는
커다란 나무 한 그루 들어 있어
가슴에 희망이란
글자 하나 새겨진다

시인은 보이지 않는 것을 볼 줄 알며
들리지 않는 것을 들을 줄 안다.

MARCH

봄 숲길

봄 숲길은
연초록의 향연이라
사랑에 빠진 듯
마냥 걷고만 싶다

시는 시인을 통해 만들어지는 천 개의 세상.

MARCH

개나리

햇살이 가득한 담장 아래
온몸이 자지러지는
웃음소리가 가득해
웃음꽃이 터져버렸다

글을 쓰는 것은 세상과 독자들에게
자신의 마음을 보여주는 것이다.

MARCH

봄날

꽃들이 지천에 피어나면
포근한 온기에
들끓는 몸살로
혼수상태에 빠져버린다

글을 쓰는 일은 행복이고 희망이다.

MARCH

산수유

그리움이 가득해
뒤돌아보면 사랑하는 이
어디쯤 올 것만 같아
한동안 짜릿하다

시인은 감성을 통해 진실을 바라본다.

14

MARCH

청소

묵은 먼지를

털면 털수록

홀가분해져

더 깨끗해지고 싶다

심장에 불 지르는 것을 멈출 수가 없다.

MARCH

진달래

화냥기 가득한 봄날
애터지게 사랑했는지
아픈 상처마다
붉은 피를 쏟아놓았다

시는 언어의 나무다.
나무는 매순간 변화된 모습으로 서 있다.

MARCH

철쭉 1

붉은 입술이
숨이 멎도록 뜨겁게 피어나
입맞춤을 부르니
아! 사랑에 확 불 지르고 싶다

시를 쓴다는 것은 새로운 삶을
창조하는 시도이다.

MARCH

봄소식 4

봄기운이 퍼지면

아름다운 여인들이

요염한 엉덩이로

산등선을 만들어 유혹한다

자연의 유혹에 넘어가지 않는 자,

그를 시인이라 말할 수 없다.

MARCH

봄 들판

누군가 만나고 싶어
마구 달려가면
꿈에 그리던 것들이
그곳에 있을까

무엇을 어떻게 쓸 것인가 하는
행복한 고민에 빠졌다.

MARCH

버드나무

봄 햇살 좋은 날
막 머리를 감고 나온
처녀마냥 연초록 머리칼을
바람에 말리고 있다

세상과 사람, 그리고 자신에 대한
관심과 애정으로부터 시가 시작된다.

목련

봄날 겨드랑이에
간지럼을 태웠나 보다
웃음보가 하얗게
터져버리고 말았다

어떻게 생각하고 어떻게 표현하느냐에 따라
달라지는 시의 생명과 운명.

MARCH

베고니아

흐르는 눈빛이 참 예뻐서

좋아서 미쳐서

붉은 꽃잎 하나

톡 따 먹고 싶다

꽃으로 살아간다는 것, 시인으로 살아간다는 것

이보다 행복한 일이 있을까.

MARCH

당나귀

궁금증이 도졌나
꼭 듣고 싶은
말이 있나
귀만 자꾸 커졌다

시인이 세상에 뿌리는 빛은 호기심이다.

MARCH

매화꽃

그리움 싹둑 잘라버리면
떠날 줄 알았더니
술 한 잔 얼큰하게 했나
볼이 빨갛게 달아올랐다

시를 쓴다는 것은
진실한 자신을 찾기 위한 노력이다.

24

MARCH

철쭉 2

유혹의 눈빛에
속살을 만지고 싶어
온몸이 마비되고
숨이 가빠온다

정직하고 순수하게 살고 싶다.

MARCH

들꽃 1

이름 모를
작고 작은 꽃들
고독할 때
더 아름답게 보인다

창작하는 시간은
자기 삶의 의미를 찾고 소통하는 시간이다.

MARCH

절망 1

모든 길이
끊기고 모든 것이
사라져버려
되돌아갈 방법조차 없다

잘 살아내주어야 한다.
그것이 시인의 사명이다.

MARCH

정

빈 가슴에 따스함이
솔솔 전해 올 때
사랑을 느낄 수 있어
살짝궁 좋아진다

정직한 마음을 만났을 때 감동이 나온다.

MARCH

뭉게구름

두둥실 떠 있는
뭉게구름
손 쭉 뻗어 떼어 먹으니
달콤함이 가득하다

시를 만드는 것은 살아 있는 따뜻한 마음과
그 마음을 써 내리는 손이다.

MARCH

천형

넝마가 되도록
이루지 못할 사랑을
꽁꽁 묶어놓고 사는 것은
독한 절망 천형이다

시를 쓰는 시간은 행복한 시간이다.
그 마음을 표현하도록 최선을 다한다.

MARCH

클로버

들판에서 떠드는 소리가 들려
헐레벌떡 뛰어갔더니
클로버 잎들이 모여서
한바탕 수다를 떨고 있다

한 시인의 내면 속 시어,
꿈틀거리는 그것을 끄집어낸다.

MARCH

개미

잘못하다가 들켰구나
뒤돌아보지도 않고
꽁무니 빼듯
쏜살같이 달아난다

시인은 화가이다.
시어를 가지고 그림을 그린다.

APRIL

1

APRIL

모함

피도 눈물도 없는 자들이
멋대로 분탕질해서
누가 들어도 귀가 솔깃하고
흥미가 넘치도록 만든 일

시집을 발간하는 일은 세상 하나를 여는 일.

APRIL

강아지풀

얼마나 반가워
급하게 달려갔으면
꼬리만 남아
살랑살랑 꼬리 치고 있을까

읽는 사람에 의해서 시는 새롭게 태어난다.

APRIL

백조

맑은 하늘 아래
하얀 백조가
호수를 가르고 있으니
얼마나 뛰어나게 예쁘냐

창작은 자신을 다듬고 수양하는 방법 중 하나다.

4

APRIL

곰취

산기슭에서 뜯어온
곰취에 고기 한 점
잘 묵은 된장을 싸서 먹으면
봄 향기가 입안 가득하다

시인에게 시를 쓰는 일은 삶을 영위하는 일이다.

APRIL

벚꽃 놀이

하늘에 축포를
쏘아놓은 듯
무진장으로 피어나
축제를 만들어놓는다

마음으로 보고 현실을 이해하며 시를 쓴다.

APRIL

나비

날개를 휘저으며

날아오르더니

아득한 그리움 찾아

떠난다

세상에 존재하는 것들 속에서

미처 깨닫지 못하고 있던 것들을 찾아낸다.

APRIL

춘곤증

봄 햇살에

졸음이 몰려와

끄덕끄덕 졸다 보면

어느새 꿈길을 걷고 있다

급변하는 시대 속에서

풍부한 상상력과 실험정신으로 시를 쓴다.

APRIL

폭포

눈물겨운 몸부림에
한풀이 비명을 지르며
절벽 아래로
눈물을 펑펑 쏟아낸다

시인의 마음은 살아 있어야 한다.
그래야 생동하는 시를 쓸 수 있다.

9

APRIL

섬

파도가 아무리
날마다 씻겨 놓아도
보고픈 마음에
고개를 쏙 내밀고 있다

세상을 바라보는 순수한 동심의
시 한 편을 탄생시킨다.

APRIL

배신

가슴을 칼로 베어놓은 듯
제정신으로는
할 수 없는
가장 몰상식한 행동이다

시대의 절망을 희망으로 바꾸는 것이
바로 시인의 역할이다.

APRIL

고로쇠나무

나무의 핏물을
빼내 먹으며 시원타 하니
퍽 잔인한
심성이다

내가 어디로 가고 있는지,
어디로 가야 하는지 알기 위해 시를 쓴다.

12

APRIL

절망 2

눈앞이 캄캄하고
어깨가 짓눌려
풀고 묶을 것도 없이
허무하게 팍 찌그러졌다

고독 속에서도 아름다움을 발견한다.

APRIL

밤꽃

야릇한 향기에

온몸이 후끈 달아올라

사랑하는 이 품안에

눈 꼭 감고 뛰어들고 싶다

첫 시집을 내고 한 세상을 탄생시켰을 때

그동안의 시련과 고통은 씻은 듯 사라진다.

APRIL

뻐꾸기

매일 매일 똑같은
소리로 울어댈까
날 좀 알아달라
보채고 있다

시는 말의 기교보다 살아 있는 따뜻한 가슴에서
우러나와야 한다.

APRIL

비겁

똥 눌 때를 생각해 보라
더러운 것은
떨쳐버리고 싶은 것이
사람의 심리다

시인은 구경꾼이나 방관자가 아니다.
함께 어울리고 참여하며 세상을 살아간다.

APRIL

쑥

온 들과 산에

누가 부르지 않아도

쑥쑥 돋아난다

나는 쑥이다

그 어떤 황량한 환경에서도 시인은 따뜻한 시선을 잃지 않으며, 그 마음을 글로 표현한다.

APRIL

연기

하늘로 마음껏 피어오르다
아찔한 현기증을
견디지 못해
사라져버린다

시를 쓴다는 것은 자신을 진실하게 만나는
구도자적 삶을 살아가는 것이다.

APRIL

감동

눈물이 핑 돌고
웃음이 터져 나와
가슴이 뭉클해지고
무척 기분 좋은 일

시집은 독자들이 원하는 곳에 남아 있는다.

19

APRIL

들키지 마라

가질 수 없는 사랑은

상처만 남긴다

당신의 마음을

들키지 마라

시는 가장 아름답고 진실한 언어다.

감동을 주는 시인으로 남고 싶다.

APRIL

찔레꽃

상처 나고 피멍 든
모진 삶
한순간이나마
꽃으로 피어나 행복하다

산처럼 들처럼 강처럼 바다처럼
비처럼 구름처럼 시를 써내려가야 한다.

APRIL

풍선

허울만 좋은 듯
잘 부풀어오르다가
참았던 울분 터뜨리듯
허무하게 터져버린다

피로 시를 쓰듯, 그렇게
오늘도 세상을 살아내야 한다.

APRIL

문

벽에
처음 문을 만들어놓은
사람은 누구일까
소통의 길을 멋지게 열었구나

삶은 시로써 표현된다.

APRIL

항아리

만삭된 여인인 양
오동통 부른 배에
무엇을 그리
담고 싶은 게냐

삶과 사랑과 그리움을 시로 써내릴 수
있다는 것은 행복한 일이다.

APRIL

앵두

달콤한 빨간 입술에

입맞추고 싶어

오금이 저려

황홀함에 빠져버린다

인생이란 무엇인가.

그 해답을 찾기 위하여 시인은 시를 쓴다.

APRIL

연가 1

그리움병이 도지나 보다
눈앞에 아른거려
그의 이름을
부르지 않을 수 없다

새로운 세계에 눈을 뜬다는 것은
축하해야 할 일이다.

APRIL

시인

시인이 되려면

하늘을,

자연을,

땅을 사랑하라

우리는 모두 시인으로 태어났다.

APRIL

멸치

이 작은 물고기에서
맛있는 국물 맛은 물론이고
신통방통하게
바다의 깊은 맛이 우러난다

물질만능주의에 현혹된 시대, 시를 쓰는 마음의 여유를 갖는다는 것은 참으로 힘든 일이다.

APRIL

인생 1

딱 한 번 사는데
죽고 나면 썩고 말 텐데
남의 염장 지르지 말고
멋지게 살자

사랑을 하면 누구나 시인이 될 수 있다.
사랑하며 아끼는 마음으로 살아가야 한다.

APRIL

무지개

누구나 하나쯤 갖고 살지 않을까
무지개라는 희망을
그래서 우리는
비가 와도 슬프지 않다

시인에게는 시가 무지개다.
고통의 순간을 견디고 나온 희망의 증거니까.

APRIL

똥고집

못된 습성이

추악하게 변해

어찌할 수 없게 뭉쳐버린

몹쓸 놈의 덩어리

시는 체험의 고백이다.

시는 시인들의 사랑이다.

5

MAY

MAY

장미

지울 수 없는 상처
가시를 품고 피어나도
한아름 품에 안고 달려가
사랑을 고백하고 싶다

시인은 침묵 속에도 가장 큰 목소리를 낼 수 있다.

MAY

옥수수

노래가 필요하다면
잘빠지고 튼튼한 놈을 골라
하모니카를
멋지게 불어주고 싶다

세상 그 어느 곳에도 쉬일 수 있는
나는 시인이어서 행복하다.

MAY

우리 집

사랑하는 사람들이 모이면

행복한 쉼터

늘 함께하고 싶은

기쁨의 안식처

시라는 활시위를 세상을 향해 마음껏 당기고 싶다.

MAY

거리에서

복잡하다

모두 다 어디서 왔을까

나까지 나왔으니

더 그렇게 되었다

거리에 사람의 물결이 있다.

그 물결 위에서 모든 감정이 살아 움직인다.

MAY

새벽별

밤새
눈 뜨고 있더니
졸음이 쏟아지는지
깜박거리고 있다

시에는 글이 아니라 이미지를 담는다.

MAY

혼자 남던 날

집 안 텅 빈 것 같아
쓸쓸하고 외로워
아무것도 하기 싫고
정이 그립다

시는 마음의 소리를 품고 강물처럼 흘러간다.

MAY

라일락

부푼 듯 피어올라
은은한 향기가 스며드니
애끓지 않을
사람이 있을까

시를 쓴다는 것은 희망이 있다는 것.

MAY

동화

아이들의 눈을 말똥하게
귀를 쫑긋하게 만드는
신기하고 꿈만 같은
이야기 보따리

사람들에게는 자신만의 시적 영토가 있어야 한다.
시의 씨앗을 뿌려 밭을 가꿀 수 있어야 한다.

MAY

어떤 날

심심하고 허전하니
온몸에 피곤이 몰려와
마음까지 옷장에 걸어놓고
잠이나 푹 자야겠다

고독과 절망과 허무 속에서도
사랑과 희망을 건져내는 것이 시인의 역할이다.

MAY

추억 1

영영 잊혀지기 싫어

헛돌다 떠나는

세상살이지만

사랑 하나쯤 남겨놓고 싶다

사랑을 잃지 않는 시인만이

세상을 움직일 수 있다.

MAY

개구리 1

물 속에서 멋지게 자맥질하더니
숨이 찬지 고개 들어
하늘을 쭉 빨아들여
꿀컥 삼켜버린다

좋은 시를 보면 마음이 따뜻해지고
가슴이 시원해 즐겁다.

MAY

상처 1

예리하고 날카롭고
뾰족한 판단의 칼로
썩 갈라놓아
곪아 터져버렸다

시는 그리워하는 곳에 대한 추억이다.

MAY

가위눌림

꿈속에서 견딜 수 없도록 시달리다
무섭고 두려워
벌떡 깨어보니
가슴이 서늘하다

머리로 쓰는 시도 있고
가슴으로 쓰는 시, 영혼으로 쓰는 시도 있다.

14

MAY

소

늘 가깝게 느껴지는
선한 눈망울을 가지고
아낌없이 다 주며
떠나는 착한 사랑

시는 어둠 속에서도 빛을 바라보는 눈이다.

MAY

한마디

그 말 한마디
하고 싶었다
듣고 싶었다
"사랑한다"는 그 말

시를 쓰는 시간은 마음을 비우고
겸손을 배우는 시간이다.

MAY

떠나는 이유

외로움이
친친 감겨오고
숨이 카악 칵 막혔지만
묻고 싶지 않았다

누군가를 사랑하는 마음이 없었다면
나는 시를 쓸 수 없었을 것이다.

MAY

발자국

더럽히지 말고

깨끗하게 살자

누군가

항상 바라보고 있다

한 편의 시가 독자를 만나는 순간, 그것은
더 이상 시인의 시가 아니다.

18

MAY

강물 3

고여만 있으면 썩는 것을
흘러갈 곳이 있으니
떠나갈 곳이 있으니
얼마나 좋으냐

시는 곧 시인이 가고 있는 길이다.

MAY

그리움 2

지우려고 잊으려고
되풀이하면 할수록
또렷하고 선명하게
지울 수 없게 떠오르는 얼굴

시는 삶의 목적이 아니라 살아 숨쉬는 이유이다.

MAY

걱정

눈이 돌아가고

속이 뒤집혀

목줄이 새까맣게 타들어가

똥줄이 탄다

시는 삶을 촉촉하게 한다.

MAY

비둘기

어리석은지
아는 숫자가
딱 하나뿐인가
날마다 구구구 울고 있다

자연은 스스로 시가 된다.

MAY

채송화

키 작은 슬픔을 넘어
날마다 신비롭고 행복해
하늘을 보며
피어난다

시는 언어의 틀을 짜는 끝없는 작업이다.
그 안에서 새로운 우주를 만들어간다.

MAY

호수

폭 빠져들고픈

평화로움에

물수제비 띄워

마구 흔들어놓고 싶다

세상이 시인을 만들어 사랑을 품고

시인은 시를 만들어 세상을 품는다.

MAY

세상살이

물기가 촉촉하게 살아야지
오장육부 씹어대며 독하게 살면
구겨지고 썩어들어
억겁 시름을 씻어낼 수 없다

시는 시인의 삶 속에 부여된
자유로운 삶의 표현이다.

MAY

행복 1

그대를 만나서
슬픔의 앙금이 가라앉고
사랑하는 재미가
쓸쓸하니 행복하다

시인은 삶의 바다를 항해하며
사람들이 발견하지 못한 미지의 세계를 찾는다.

MAY

오이

누구에게 보여주려고
미끈한 몸매에
날씬한 허리를
만들고 있느냐

시인에게 거짓은 없다.
있다면 그것은 자신의 마음을 들여다볼
용기가 없는 것이다.

MAY

그네 1

하늘 높이
치솟아 올라가면
어디쯤에서
그대 보일까

시를 쓸 때마다 누군가 행복해지기를
간절히 바라는 마음이다.

MAY

독서

고독한 날

책 속의 글자는

눈에 들어오지 않고

저 멀리 혼자 걸어가고 있다

시를 쓰는 순간만큼은 혼자가 아니다.

모든 것이 우리와 함께한다.

MAY

신발

현관에 놓인

신발을 살펴보면

그 집 사람들의

성격을 알 수 있다

세상을 들여다보기 전에

내 마음을 먼저 읽을 수 있어야 한다.

MAY

생각

간간히 생각났다면
찾지 말고 잊어버리자
그리워하며
사는 것이 더 애틋하다

모든 사람의 가슴에는 시가 있다.

MAY

기대

그리워하다가
꼭 감았던 눈을 떴을 때
그대 내 앞에 서 있다면
얼마나 좋을까

시인에게 관찰력과 상상력이 필요하다.
세상을 정확히 보고, 그 안에서 희망을 찾아야 한다.

JUNE

JUNE

열무 국수

무더운 여름날 큰 양푼에
시뻘건 김치 국물을 넣고
국수를 기분 좋게 말아 먹으면
더위가 싹 가신다

시인을 좋아하는 것은 독자들의 마음을 잘 읽어주기 때문이다.
자신의 마음과 같을 때 독자들은 감동한다.

JUNE

그대 온다면

그대 온다면
그리움이 끓어올라
만사를 제쳐놓고
달려가고 싶다

시련과 고통 속에서 씩씩하게 견뎌내는 시인을 통해
좋은 시가 탄생할 수 있다.

JUNE

낡은 인형

누가 버렸을까
애지중지 아껴주었을 텐데
버림받아 슬프고
힘든 기색이 역력하다

온몸으로 온 마음으로 시를 쓴다.
시는 시인의 모든 것이다.

4

JUNE

가족

혈육과 인연의 끈으로
묶인 행복한 사람들
언제라도
돌아가 안길 수 있는 곳

온 세상을 가슴에 품고
힘겨운 산고 끝에 새로운 시를 낳는다.

JUNE

맨드라미

익살스런 개구쟁이같이

꿍꿍이속이 있나

쭈굴쭈굴하고 빨간 주둥이로

입 맞추고 싶으냐

시는 자서전이다.

자신의 모든 것을 남겨놓기 때문이다.

JUNE

빈 마음

마음을 깨끗이 비우면

더 많이

더 가득히

더 수북하게 채워진다

사랑의 마음을 담아 너에게 보낸다.

JUNE

슬픔

죽도록 사랑해도
시원찮을 삶인데
미움이 서럽게 고이면
눈물로도 씻지 못한다

감성이 항상 날카롭게 살아 있다.
그것이 삶을 빛나게 한다.

JUNE

한적한 오후

한적한 오후

배 한 척 물살을 가르며

강을 거슬러 올라가고 있다

나도 같이 타고 싶다

시는 시인의 삶과 마음을 아는 통로가 된다.

JUNE

실연

눈물이 핑 돌고
수많은 생각이 뒤엉키고
막막한 슬픔이 몰려올 때면
세상이 끝나는 것 같다

시를 생각하고, 창작하는 것은
그 무엇에 비할 데 없는 기쁨이다.

JUNE

가마솥

퍼줘도

퍼줘도 남는

넉넉하고

푸짐한 인심

모든 사람들이 행복할 때까지 시를 쓴다.
그것이 신이 시인에게 내린 사명이다.

JUNE

손

사랑할 때 잡으면
따스함이 전해 오지만
미워할 때 잡으면
싸늘하게 식는다

시는 글자들의 세상으로 떠나는
흥미로운 여행이다.

12

JUNE

초조

겁 많은

눈을 살살 굴리며

의심 가득한

눈빛으로 바라보고 있다

시는 지나온 삶을 회상하게 하고

지금의 삶을 특별하게 하고

내일의 삶에 희망을 갖게 해준다.

13

JUNE

여행

어느 곳이든

설레임과 기대감 속에서

보고, 듣고, 느끼는

즐거움

시가 없는 세상은 상상할 수 없다.

14

JUNE

거북이

놀랍다
느림의 여유를 누리며
넓은 바다가 제 것마냥
능청스럽게 살고 있다

삶의 흔적이 없는 시는 존재하지 않는다.

JUNE

시

언어로
삶과 죽음과 사랑과 낭만을
마음껏 표현할 수 있는
살아 있는 감성 표현

오늘을 살아가는 사람들에게 희망이 되고
사랑이 되고 용기를 줄 수 있기를 바란다.

JUNE

뱀

소름 끼치는 몸짓으로

혀를 낼름거리며

음산한 눈빛으로

다가온다

시의 세계가 깊고 넓게 펼쳐지려면
작가의 경험이 그만큼 풍부해야 한다.

JUNE

행운

행운은 원하는
사람에게 찾아온다
행운아라고
복덩이라고 외쳐라

가장 행복하고, 가장 선한 마음으로
시를 써야 한다.

18

JUNE

추억 2

다시는 돌아갈 수 없지만
가슴속에서 떠나지 않는
아름답고
그리운 시간들

수많은 글자를 만나지만
시는 그 중 살아 있는 글자이다.

JUNE

꿈

내가 잠들 때
그대가 곁에 와서
같이 잠들면
행복한 꿈을 꿀 수 있다

세상 모든 것이 시다.
그저 글로 옮겨 쓰기만 하면 된다.

JUNE

연꽃

그리움이
물 위에
하나씩 하나씩 떠올라
꽃으로 피어난다

시인은 존재를 특별하게 만드는
힘을 갖고 있다.

JUNE

술 한 잔

땅거미가 내리고
가로등 불빛마저 충혈되는데
이 밤을 어찌 그냥 보내겠는가
친구야, 술 한잔 하자!

글이 아닌 그림이 되는 시가 좋은 시다.

JUNE

행복 2

행복이
불행을 한꺼번에
쓸어가버렸으면
얼마나 좋을까

시는 신(神)의 예술이다.

JUNE

수박

잘 익은 한 덩어리
써억 썩 썰어서
크게 한 입 베어물면
무더위도 싹 가신다

아무리 짧아도 감동은 살아 있다.

24

JUNE

삶 1

아등바등
악착같이 버텨내며
챙겨보고 움켜보아도
결국 놓고 떠나야 한다

살아 있는 이유, 그것이 바로 시다.

JUNE

박쥐

얼마나 세상을
뒤집어보고 싶었으면
거꾸로 매달려 있을까
꼭 저승사자 같다

사람이 살아온 역사는 그대로 시가 된다.

JUNE

인사

손 흔들어주고

활짝 웃음 띄우면

반가움이

더 가득해진다

잠시 멈춰 서서 자신을 돌아보는 일

그것이 시 쓰는 일이다.

JUNE

눈물

마음을 새롭게

정화시켜주는

보석보다 투명하고

맑은 물

마음이 흐르는 소리를 들어라

계곡물처럼 맑고 경쾌한 소리를.

JUNE

여름

자유의 시작
마음껏 자라나는 계절
생동감이 넘쳐
살아 있음을 만끽한다

자연의 모든 것들 속에서
시의 목소리를 청취하여 시를 쓴다.

JUNE

아침

햇살이 강물에 톡톡 튀니
발걸음도 가벼워
좋은 일이 있을 것 같아
짜릿한 전율이 흐른다

꽃처럼 화려한 글을 쓰기 위해 노력하지 말고,
풀처럼 순하고 소박하게 써라.

JUNE

담

높이 쌓으면 쌓을수록

홀로 갇히고 말지만

헐면 헐수록

넓은 마음으로 살 수 있다

시인의 영혼은 언제나 깨어 있다.

그래서 시대와 현실을 똑바로 바라본다.

7
JULY

1

JULY

빵

빵 익는 시간
그 향기가 코끝에 닿으면
달콤한 유혹이
시선을 끌어당긴다

시인은 사랑에 탄식하고 통곡하지만
그럼에도 감동하며 시를 쓴다.

JULY

이슬

이슬 한 방울에도
풀잎은 깨끗이 씻는데
왜 많은 것을 갖고도
욕심 내며 살까

시인에게는 감성 계발과 이미지 발상이
아주 중요하다.

JULY

기도 1

나를 버리고
침묵 속으로 빠져든다
마음속에서 들려오는
하늘의 음성을 듣는다

단 한 사람이라도 그 마음에 감동을 줄 수 있다면
정말 행복한 시인이다.

4

JULY

금붕어

조그만 공간을 맴도니
재미없고 답답해
홍미를 잃어버렸는지
아무런 말도 하지 않는다

살아 있는 감성으로 표현하며
창조의 힘을 일깨우는 것이 시다.

JULY

문득

어느 날 문득
생각의 모서리에 있던
사랑이라는 말을
마음의 행간에 써놓고 싶다

시는 생각과 마음을 모아놓은
차원 높은 언어예술이다.

JULY

선인장

온몸에 가시를

뻗쳐놓고

꼿꼿이 서 있는 걸 보면

성깔 한번 까칠하다

나의 시를 통해 사랑을 만난 이들을 볼 때

가장 행복하다.

JULY

야시장

시끌벅적

보고, 사고, 먹고, 즐기는

사람 사는 소리

힘이 솟고 기분이 좋다

시를 쓴다는 것은 새로운 삶을 꿈꾸는 일이다.

삶과 예술의 아름다운 동행이다.

JULY

삶 2

빨간색으로

밑줄 확 긋고 싶을 때

허허 웃으며

잊고 더 열심히 살자

시를 쓰는 일이란 절망에서 일어나

새 생명을 찾는 것이다.

JULY

정류장

삶 중간 중간
정류장이 있는 듯하지만
끝에는 정류장이 없다
영원한 퇴장이다

시인에게는 고독이 가장 큰 자산이다.

JULY

부엉이

어둠 속에서
겁먹었는지
꼼짝도 하지 않고
눈동자만 자꾸 커진다

언어의 끈을 잘 풀고 묶을 수 있어야
진정한 시인이다.

JULY

석류

가슴앓이
얼마나 많이 했으면
심장이 터져서
알알이 쏟아져 나온다

가만히 앉아서도 온 세상을 여행하고 싶은가.
그렇다면 시를 읽어라.

12

JULY

레몬

자꾸만 벗기고 싶어
자꾸만 갖고 싶어
달콤하고 새콤한
맛을 느끼고 싶다

한순간에 이루어지는 작업이 아니다.
시인이 살아온 삶이 녹아 있지 않은가.

JULY

도마뱀

무슨 큰 잘못을 저질렀기에

눈에만 띄면

잡힐까 혼비백산

줄행랑을 놓느냐

나는 우리 글을 사랑한다.

우리 글이 없었다면 어떻게 시를 쓸 수 있었을까.

14

JULY

호박꽃

온 마음으로

모든 것을 받아줄 듯

포근하게

큰 웃음을 짓고 있다

시를 쓸 때마다 매번 세상을 바라보는

새로운 시선을 배운다.

JULY

튤립

무릎 치며 감탄할 정도로

고고한 자태로

아름답고

멋지게 피어난다

독자들이 사랑해 주고, 기억해 주고

마음을 담아 전해 줄 때 진정한 시가 된다.

JULY

지평선

땅 끝을 말해 주는
지평선에서는
사람들의 이야기도
막을 내린다

시인에게는 사람들의 마음을 읽는 눈과
사람들의 이야기를 듣는 귀가 필요하다.

JULY

거미

남을 잡으려고

친 덫에

결국에는 스스로

걸려 죽는다

사랑하는 사람은 누구나 시인이 될 수 있다.
사랑하는 마음에는 시가 있기 때문이다.

JULY

외로움 1

파란 하늘에

흰 구름 한 조각

새 한 마리 날아가니

마음에 빈 공간 하나 생겼다

시를 쓰려면 사랑하라.

사랑에 빠져라.

19

JULY

봉선화

남 몰래 사랑한

그리움 끊지 못해

손톱 끝에라도

붉게 물들여 남기고 싶다

시인은 몸과 마음과 영혼으로 노래해야 한다.

JULY

홍수

다 떠내려갔다
남은 것은
상처투성이
슬픔뿐이다

시를 쓴 후에는 늘 아쉽고 섭섭하다.
더 좋은 시를 쓰고 싶다.

JULY

아카시아

온 세상에
네 향기를 가득 풀어놓으면
찾아오는 벌 나비
어떻게 감당하려는가

부족하더라도 처음부터
자신의 목소리로 시를 써야 한다.

JULY

콩나물

오선지에 던지면
아주 멋진 노래가
온 세상 가득하게
흘러나올 것만 같다

시를 쓰기 시작한 첫 번째 이유는
미치도록 시가 쓰고 싶었기 때문이다.

JULY

바다 1

어둠 속에 들려오는
파도 소리는
내 몸 저 밑의
심장 소리 같다

감성의 흐름이 그대로 표현될 때
더욱 아름다운 시가 태어난다.

24

JULY

만선

바다가 뱃길을 내주며

활짝 웃는다

만선의 배가

돌아오나 보다

맛있고, 달콤하고, 멋지고,

감동을 주는 시를 써야 한다.

JULY

바다 2

소금기 가득한 바다는
갈증에 목말라
끊임없이
강물을 마셔댄다

시는 버릴 수 없는 나의 동반자이며
나의 가장 소중한 친구다.

JULY

조개껍질

파도에 밀려온 조개껍질
알맹이 어디 두고 왔을까
물어보아도 다 알면서
할 말을 미루고 있다

사방이 조용하고 어둡다. 한 잔의 커피와 함께
시 읽기에 아주 좋은 시간이다.

JULY

장마

웬 슬픔인가
웬 통곡인가
몇 날 며칠을 하늘이 뚫린 듯
울어대는 이유는 무엇이냐

시는 시인만의 독특한 개성이 표현될 때
더 가치가 있다.

JULY

삶 3

멋지게 살려면

하강 기류에서

벗어나

상승 기류를 타라

시인의 지성과 감성이 잘 어우러진다면
좋은 시로 독자들에게 다가갈 수 있다.

JULY

기억 2

잊으려 몸부림쳐도

기별도 없이

생생하게 찾아오는 걸

어찌해야 하나

한 편의 시가 만난 첫 번째 독자는

바로 시인 자신이다.

JULY

춤

손놀림과 발놀림

어깨춤과 얼굴 표정에

삶의 모든 것을

그대로 담고 있다

시인은 때로는 아파하고 고뇌하고

기뻐하면서 새로운 언어 표현을 찾는다.

31

JULY

넋두리

가슴 깊이 갇혀 있던

울음이

폭포처럼

쏟아져 내린다

시에 형식은 없다.

그저 시인의 영혼이 존재할 뿐이다.

AUGUST

AUGUST

숲

치솟는 불길 속에
사르고 타올라도
연정은 고스란히
검은 덩어리로 남았다

시는 절망스러운 시대에 빛을 밝혀주는 등불이다.
우리 어두운 영혼의 등대다.

AUGUST

까마귀

웬 설움이 그리 복받쳐
까악까악
애끓는 마음 담아
몸서리치게 우는가

시인의 시대적 사명과 사회적 책임 또한 중요하다.

AUGUST

포도

한 가족 사랑이
얼마나 꿀맛 같으면
한 송이가 되어
떨어질 줄 모를까

꿈결에 시 한 편 터져나와 감탄했는데
아침에 깨어보니 도통 생각이 나질 않았다.

4

AUGUST

초롱꽃

누구를 기다리는가
초롱불 밝히며
온종일 기다려도
아무도 찾아오지 않는다

뛸 듯이 기쁜 날, 바닥까지 슬픈 날에도
내게 다가올 시를 기다린다.

AUGUST

꽃

꽃은

햇빛과 비

땅이 만들어놓은

최고의 걸작품 중 하나다

시인에게는 많은 지식보다

풍부한 감성과 지혜가 더 필요하다.

AUGUST

들꽃 2

외로움과 싸우며
잘 견디다가
꽃향기 전해 주려
온 땅 가득히 피어난다

독자가 보내는 격려와 채찍이
내게는 가장 큰 힘이다.

AUGUST

해바라기

목덜미를

누가 간지럽혔을까

아주 기분 좋게

웃고 있다

시인이 품은 모든 사랑은 시가 된다.

시인의 상처였던 모든 것들이 시가 된다.

AUGUST

나팔꽃

아침마다 나팔을
힘차게 불어댔지만
그 소리를 들어본 이는
한 사람도 없다

고독이 시인을 찾아올 때
수많은 시들이 만들어진다.

AUGUST

행복한 순간

당신이 부모라면
작별의 시간이 오기 전
기억해도 좋을 행복한 순간을
자녀의 가슴에 남겨두라

시인의 열정은 식지 않고 활활 불타올라야 한다.

AUGUST

외로움 2

만남의 마지막 소절에
홀로 남아 있던 외로움이
피 속으로 흘러들어
가슴 한구석이 시려왔다

시는 독자에게 다가가는 통로이며 길이다.

AUGUST

칡넝쿨

너 괴롭다고
온몸 비틀어
남을 휘감아 돌면
한풀이가 되느냐

시 한 편이 독자들의 가슴에 남아 있다면
그것은 글이 아니라 살아 있는 생명이 된다.

12

AUGUST

원숭이

개구진 눈빛으로

재롱떨며 좋아라

사는 걸 보면

잔재주를 부리는 마술사 같다

역사에 이름을 남기기보다 사람들의 마음속에

시를 남기는 시인이고 싶다.

AUGUST

개똥 참외

길에서 저절로 자라나
한여름 햇살을 품은
한 입 크게 베어 무니
엄마의 젖가슴 냄새가 난다

시인이여, 자유를 찾아라!
그리고 마음껏 시를 써라!

14

AUGUST

달맞이꽃

달만 사모하다가
외로움만 간직한 채
한 잎 한 잎 떨구니
애처롭게 보인다

세상에는 시가 샘물처럼 흐른다.
이 얼마나 행복한가!

15

AUGUST

붉은 고추

붉은 독이 잔뜩
오른 걸 보고 있으니
당장이라도
큰일을 저지를 것만 같다

시와 동행하는 세월은 결코 가볍지 않다.
하지만 시인이 선택한 길이며 곧 시인의 삶이다.

16

AUGUST

냉수

온도계의 호흡조차 빨라지고

땡볕이 뜨겁게 내리쬘 때

마시는 냉수 한 사발의 맛

가슴까지 시원하다

일상을 넘어서는 무엇까지

찾아내고 싶은 것이 시인의 바람이다.

AUGUST

알사탕

돌돌돌 굴려가며
단맛을 느끼다가
어금니로 와그작 깨물면
좋은 일 생길 것 같다

시인은 항상 시를 쓸 수 있는
마음의 준비가 되어 있어야 한다.

백합

크고 흰 빛의
그윽한 아름다움을
삶의 향기와 함께
선물하고 있다

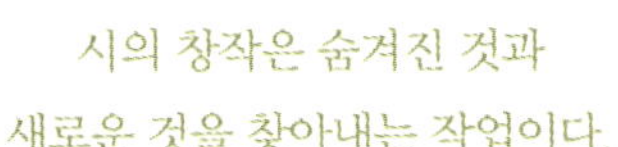
시의 창작은 숨겨진 것과
새로운 것을 찾아내는 작업이다.

19

AUGUST

매미

웬 성깔이냐
환장하게 울어대니
더위만 쌓여간다
조갈난 목이나 축여라

이 세상에 존재하는 모든 것에는 시가 있다.
시인은 그것을 발견해낼 뿐이다.

AUGUST

김치

아내가 김치를 담그다
맛 좀 보라고
입 속에 넣어준다
아삭 사랑 맛이 좋다

시인의 눈빛은 맑게 닦아내고
시인의 마음은 항상 따뜻하게 유지하라.

AUGUST

혀

좋을 때는

솜사탕처럼 부드럽더니

싫어지면

꼼짝달싹을 하지 않는다

시인이 진정 경계해야 할 것은

타인의 소리를 듣지 않는, 차가운 가슴이다.

AUGUST

살다 보면

배꼽이 빠지도록
기쁜 날이 있다
근심걱정 다 버리고
웃어볼 날이 있다

시인들은 세상이 절망스럽고 고통스러울 때면
언제나 그 자리에서 시를 썼다.

AUGUST

개구리 2

설움이 얼마나 많으면

여름 내내

대성통곡을 하며

울어대느냐

시인은 상처의 힘으로 시를 쓴다.
그러니 상처에 대한 두려움은 갖지 마라.

24

AUGUST

골목길

시간이 멈춰버린

골목길에는

가난한 인생들이

머물다 떠나간다

살아 숨쉬기도 버거울 때, 모든 것을 벗어버리고 싶을 때

시가 나를 붙들어주었다.

AUGUST

시 쓰는 밤

홀로 시 쓰는 밤
어둠 속에서 만난
외로움이 더 어두워
시 한 편 밝혀놓았다

시인에게 가장 중요한 것은 자신의 시를 정확하고 진실하게 바라볼 줄 아는 마음을 갖는 것이다.

AUGUST

돌고래

배를 타고 가다가
유영하는 모습에
눈길을 모으니
어느새 바다가 되었다

마음을 어지럽히는 감정을 담고
또 풀어내는 다양한 방법을 찾아라.

AUGUST

물레방아

장대비가 내리는 날
오지 않는 님을 기다리며
빗소리에 숨어
서럽게 울고 있다

시가 절망에서 건져준다.
시가 희망을 갖게 해준다.

AUGUST

소나기

한바탕 쏟아져
내 갈 길을 막아놓더니
구름 따라 가버렸다
마음이나 적셔주고 가지

상상력을 펼치고, 영혼을 자유롭게 하라.

29

AUGUST

그네 2

누가 놀다 갔을까

텅 빈 자리에

외로움이

혼자 앉아 있다

독자의 마음을 움직이는 시를 쓰고 싶다면

먼저 자신의 삶을 변화시켜야 한다.

연가 2

그리움을 덧칠해도
가슴이 먹먹해진다
떨어지는 눈물을 막을 수 없다
보고 싶다

사랑과 이별, 과거와 미래, 삶과 죽음의 아픔을
치유하는 시를 쓰고 싶다.

AUGUST

가난

호주머니 텅 비고
창자마저 채우지 못해
가슴이 옥죄어 오면
살길이 막막하다

세상의 기쁨은 시인의 기쁨이고
세상의 슬픔은 시인의 슬픔이다.

SEPTEMBER

SEPTEMBER

가을 1

고독이 맛있는 계절이다
만나고 싶고 걷고 싶고
커피가 당기는 걸 보니
여행을 떠나야겠다

시는 언제나 미완성이다.
그래서 시인은 계속해서 시를 쓰는 것이다.

SEPTEMBER

물안개

강변에 물안개
잔잔하게 피어오르면
아무런 말 없이
바라만 보고 싶다

시를 읽는 기쁨이 컸고,
그 기쁨을 간직하면서 시인을 꿈꾸기 시작했다.

SEPTEMBER

커피 2

커피가 맛있는 날은

일도 잘 된다

커피가 맛없는 날은

일도 뒤틀린다

시를 쓰는 것을 두려워하지 마라.
눈에 비친 풍경이나 일상의 모습을
담담히 그려내는 것이 시작이다.

SEPTEMBER

대추

외로움을 견디지 못해
울먹이던 마음에
볼마저 붉어져
품안으로 떨어진다

시인인 것이 큰 기쁨이다.

SEPTEMBER

빨간 우체통

사랑에 흠뻑 빠지더니
빨갛게 후끈 달아올라
마음을 전하는
사랑의 연서를 기다린다

우리는 언제나 시를 쓸 수 있다.
그대가 원한다면.

SEPTEMBER

코스모스

바람만 불면
가는 몸을 살랑대며
눈길을 피할 수 없도록
야릇한 미소를 보낸다

시를 쓰기 위해서는
시를 이해하는 노력을 기울여야 한다.

SEPTEMBER

이별 2

미련이라도 남을까
그림자도 남겨놓지 않았다
나 역시 보이지 않을 때까지
안녕이라 말하지 않았다

참된 시란 모든 사람들이
언제 어디서 공유해도 좋은 시다.

SEPTEMBER

그대 사랑

내 마음의 골짜기마다
그대 사랑
아쉬움 없도록
소나기처럼 쏟아져내려라

시인이란 먼 길을 가려면 세상의 작은 기쁨을
놓치지 말아야 한다.

SEPTEMBER

추억 3

홀로 있어도
외롭지 않도록
신이 내게 주신
가장 큰 선물이다

왜 땀 흘리며 인생을 살아야 하는지
시인이 되고 나서야 깨닫는다.

SEPTEMBER

닭

벼슬을 곧추세우고
목청껏 뽑아내며
새벽을 깨우는
울음소리가 통쾌하다

하루에도 몇 편씩 시가 써질 때는
횡재한 듯이 기분이 좋다.

SEPTEMBER

막걸리

한 사발 벌컥벌컥 마신 후
김치 한 조각 질근 씹고
손으로 쓱 닦아내면
세상을 다 가진 듯 넉넉하다

나는 시 속에서 삶의 참모습을,
사랑의 참모습을 진실하게 나타내고 싶다.

SEPTEMBER

귀뚜라미

꼭꼭 숨어서
심장이 찢어질 듯
울기 시작하면
가을이다

완벽하게 모든 것을 갖춘 시인은 단 한 사람도 없다.
부족하기에 시를 쓴다.

SEPTEMBER

나무 3

당신은 모를 테지만
기억도 못할 테지만
나는 항상 이 자리에서
당신을 기다리고 있습니다

시인 스스로도 자신의 안목에 놀랄 때가 있다.

14

SEPTEMBER

그리움 3

따뜻하고 맑은 날은

그대 얼굴 어디선가

보일 것 같아

내 눈도 맑아진다

시를 씀으로 상처를 그대로 드러낼 때가 있고

상처에 사랑의 외투를 입힐 때도 있다.

SEPTEMBER

기다림 1

모든 길에서
너의 발자국 소리가 들려
혹시나 하는 마음에
두리번거리고 있다

시는 시인의 마음이 정갈할 때 우러나온다.

SEPTEMBER

염소

생김새는 영락없이
깡마른 노인인데
울음소리는 장난치는
개구쟁이 목소리구나

단조로운 삶을 살기보다는
수많은 체험적인 삶을 살기를 권한다.

SEPTEMBER

우물

자신의 가슴에
그리운 푸른 하늘을
담아놓은 채
눈물만 짓는구나

비처럼 온 땅을 적시고, 강물처럼 대지에 힘을 불어넣는
시를 쓰는 시인이고 싶다.

SEPTEMBER

촛불

너 역시 지치고 힘들 텐데
쓸쓸한 어둠 속에서
혼자서 타오르며
외로움을 불태우고 있다

거짓을 벗어던지고 순수해질 때,
그 순수한 마음에서 시가 시작된다.

SEPTEMBER

당신

삶의 이유가 되고

목적이 되고

의미가 되고

삶의 전부가 되는

아무리 나이가 들어도 사랑을

마음에서 영원히 놓아두고 싶지 않다.

SEPTEMBER

억새풀

바람이 불 때마다
흔들리는 것은
널 그리워하는 마음
쏟아놓지 못하면 살 이유가 없다

평생에 단 한 편이라도 독자들에게 사랑받는 시가 있다면
정말 축하할 일이다.

SEPTEMBER

고추잠자리

청양고추 먹고

뜨거운 피가 흐르나

맴맴 돌다 어지럼증이 몰려와

어쩔 줄을 모른다

어떻게 살아야 하는가.

이 세상을 떠날 때는 그 답을 알 수 있을까.

SEPTEMBER

안개꽃

무엇을 감추고 싶기에
무엇을 가리고 싶기에
안개로 무리 지어
피어나는가

자유롭게 살기 위하여 시를 쓴다.

SEPTEMBER

독수리

섬뜩한 눈빛으로

먹이를 낚아채려

착한 하늘 아래

독하게 배회하고 있다

시를 쓸 때마다 더 사랑하고 싶고, 더 고독해지고 싶다.

성숙은 아픔을 통해 이루어지기 때문이다.

24

SEPTEMBER

은행나무

얼마나 애끓토록

외로우면

사랑의 연서를

온 거리에 뿌려놓는가

모든 빛은 어둠 속에서 시작된다.

모든 시는 상처 속에서 태어난다.

SEPTEMBER

삶 4

늘 쓸쓸하겠지
늘 그리워질 거야
마음이 바삭 마른데
그래 우리 커피나 한 잔 하자

고독을 한 번도 아니 느낀 사람이 있을까.
우리는 모두 고독을 안다. 그래서 우리는 시인이다.

SEPTEMBER

벽

몹쓸 생각이 만든
얼마 되지도 않는 두께가
영 다른 생각과 행동을 만들어
괴롭히고 있다

시가 써지지 않아 쓸쓸할 때는
누군가 곁에 있어준다면 좋겠다.

SEPTEMBER

궁금증

끝없이 만들어지는

물음표의 행진

당신은 나를

사랑하고 있을까

사랑과 고독, 그리고 그리움과 기다림은

한 편의 시가 되어 그 시간을 기억한다.

SEPTEMBER

사나이

처음 만난 사나이
인간적인 면이
마음에 들어
친구로 삼고 싶다

시를 어떻게 시작해야 할지 감을 잡을 수 없을 때는
마음에 숨은 그림을 찾아보라.

SEPTEMBER

소싸움

뿔을 들이대고
처절하게 싸우다가도
끝장이 나면 버티지 않고
바로 줄행랑을 놓는다

시인이 먼저 시집을 읽지 않는다면
누가 시집을 읽어주겠는가.

SEPTEMBER

무덤

인간이 남겨놓은
마지막 삶의 흔적
아무런 남김 없이
자연으로 돌아간다

삶은 아름다운 여행이다.
더 깊고 진솔하게 시를 쓰며 살고 싶다.

10

OCTOBER

OCTOBER

감나무

등불을 수없이 켜놓고
간절히 기다리는 것을 보면
가슴이 저리도록
보고픈 이가 있나 보다

언어를 잘 응축시킬 때 좋은 시가 나온다.

OCTOBER

사랑

당신은 당신대로 살고
나는 나대로 산다면
무슨 사랑인가
이루어질 수 없는 사랑이다

사랑의 기쁨은 사라지고 슬픔만 남던 날,
우리는 시를 통해 인생을 배운다.

OCTOBER

가을 산

색깔 한번
제대로 잘 칠했다
온 산을 단풍으로 물들여놓은
화가는 누구일까

자연을 사랑할 줄 아는 사람만이
시다운 시를 쓸 수 있다.

4

OCTOBER

한 줌뿐인 사랑

사라질 수 없어
허공을 쥐어보아도
한 줌뿐인 사랑
후회 없이 불타오르자

깊어가는 긴 밤, 감미로운 슬픔,
그리고 시 한 편…….

OCTOBER

콩

꼬투리가 터진
콩껍질 속에
콩들이
콩콩콩 들어 있다

시 한 편에는 시인이 있다.
시집 한 권에는 그 시인의 인생이 있다.

마른 수숫대

빈 들판의
마른 수숫대만큼
처절한 외로움에
흔들려 보았는가

사람들과 동떨어지거나 독특하게 살 필요는 없다.
사람들 속에서 사람답게 살아가야 한다.

OCTOBER

들국화

참 순수하다

잡티 하나 없이

깔끔하고 순결하게

아름답다

시는 상상력의 공간이다.

OCTOBER

가을비

목 놓아 울고 싶도록

비가 쏟아져 내리면

고독을 씻기 위하여

한 잔의 커피를 마신다

서로 사랑하고 헤어지고 그리워하는

존재에 대한 이야기, 그것이 시다.

OCTOBER

갈대 1

바람이 까탈스럽게 불 때면
서로 안을 수 없는
들판의 외로움이
더 아름다운 풍경을 만든다

시가 태풍처럼, 바람처럼, 꽃처럼, 비처럼, 눈처럼
그때마다 표현될 수 있다면 얼마나 좋을까.

OCTOBER

모과

참 못생겼지만

착하고 순수한

마음의 향기가

오래도록 가슴에 남는다

삶을 제대로 보고 시를 써야 한다.

삐딱하게 보면 시도 그렇게 될 수밖에 없다.

OCTOBER

쉼표

삶에 가끔씩

마음의 쉼표를

찍어가며 살아야

휴식의 즐거움을 누린다

사람들에게 꽃과 그늘과 열매를 주는

좋은 나무 같은 시인이 되고 싶다.

OCTOBER

악수

누구를 만나든지
힘 있게 손을 내밀어
잡을 수 있다면
이미 우정은 시작되었다

때로는 잔잔하게
때로는 격렬하게 시를 쓰고 싶다.

OCTOBER

종이비행기

종이비행기 접어
하늘로 날려 보낸다
내 마음도 힘껏
꿈을 담아 날려 보낸다

새로운 시인이 태어나면
이 세상을 아름답게 비출
언어의 별이 새롭게 떠오른다.

14

OCTOBER

그리움 4

심장의 핏줄 뜨겁도록
무진장 몰려오면
뜨겁도록 보고파서
미칠 것 같다

때로는 너무나 솔직한, 때로는 다듬지 못한
그 모든 것 또한 나의 모습이다.

OCTOBER

상상

분수가 솟아오르듯
즐거운 상상에 빠져
행운을 불러 모으면
감동스러운 일들이 일어난다

한 편의 시가 주는 감동은
그 어느 것과도 비교할 수 없다.

OCTOBER

생선 장수

탁탁 내리치는 칼질 몇 번에
싱싱하던 바다가
통째로 잘려나가
토막나 버린다

사랑과 슬픔을
깊게 노래하는 시인이 되고 싶다.

OCTOBER

벌

꽃들의 마음을 어떻게
흔들어놓았기에
달콤한 사랑만 뽑아내어
꿀을 만드는지 재주가 좋다

마음에 드는 시 한 편이 주는 행복,
사람들과 생각과 느낌을 나눌 수 있다.

OCTOBER

구름 1

비 뿌리고 나면

남은 것은

역마살뿐

떠돌이가 되어 떠나간다

아름다운 풍경 속에 빠져들어

마음 가득해지는 행복을 느껴보자.

OCTOBER

밤송이

곧추선 가시투성이 속에서
매끈한 몸매가
튀어나오다니
탄복할 수밖에 없다

시의 생명력이란 거짓이 없는 진실뿐이다.

OCTOBER

교도소

들킨 도둑만 들어왔고
안 들킨 도둑은
세상에서 버젓이 살아간다
빌어먹을

시인의 사명은 어둠 가운데서도
아름다움을 추구하고 노래해야 하는 것이다.

OCTOBER

라면

물을 팔팔 끓여
파 마늘 송송 썰어 넣고
계란 하나 깨 넣을 때
군침이 꿀꺽 넘어간다

시는 무형의 언어를 통한 표현이지만
누군가에게는 치유가 된다.

OCTOBER

거울

거울을 혼자 볼 때는
아주 잘생겼더니
두 사람이 같이 보면
달라지기 시작한다

시는 영혼의 샘에서 솟아나는 맑은 언어의 생수다.

OCTOBER

난

고고하게 피어나

은은한 향기를 풀어놓으니

마음을 끈을 풀고

온몸으로 받아들인다

시인으로 사는 삶이 결코 가볍지는 않으나

내 한마디로 누군가 행복할 수 있다면 그것으로 족하다.

OCTOBER

일하는 즐거움

땀 흘리며 일하는
즐거움을 아는 사람은 멋지다
피곤을 이겨내고
잘 웃는 사람은 행복하다

시대를 뛰어넘어 사랑받는 시,
그것은 우리 시대의 소중한 자산이다.

OCTOBER

다짐

캄캄한 벼랑에 서서
이를 악물었다
주먹을 쥐고 일어서며
두 눈을 부릅떴다

시를 쓰고 싶은 열정과 욕망을 막을 수가 없다.

OCTOBER

비밀

너만 알고 있어, 하는 순간에
듣고 있던 사람이
누군가에게 말한다
너만 알고 있어, 비밀인데

누군가의 마음에 흔적을 남기는 것을 알기에
때로는 시를 쓰는 일이 두렵다.

OCTOBER

지우개

지워버리고 싶은 것
기억하기 싫은 것은
지워버려야
새로운 것을 찾을 수 있다

시인들이여, 온 세상에 시의 소재가 널려 있다.

OCTOBER

가끔씩

살다 보면 눈물 나는 세상
가끔씩 힘이 들면
당신 가슴에
그대로 침몰하고 싶다

시는 그 시대의 시대상과 정신을 담고 있다.

OCTOBER

깃발

축 늘어져 있다가도

바람만 불면

온몸을 마구 흔들며

뜨겁게 환영한다

괴로운 일도 있었지만 시인이어서 참 행복하다.

OCTOBER

허수아비

참 싱겁게도 생겼다
엉거주춤 매달려
들판을 지키고 있는 모습이
참 허전해 보인다

시가 주는 즐거움을 모르는 사람과는
인생과 사랑을 이야기할 수 없다.

OCTOBER

탈춤

탈 쓰고 춤을 추면
몸짓도 말도 마음대로
감추었던 진실이
흥겹게 흘러나온다

눈을 감고 마음으로 읽는 시를 쓰고 싶다.

11

NOVEMBER

NOVEMBER

기린

무엇이 보고 싶고

궁금해

장대만큼 목을 늘이고

두리번거리고 있을까

시와 만났다면
당신은 인생의 가장 다정한 친구를 만난 것이다.

NOVEMBER

오리

숫자 공부 좀 해라
2자가 그리도 좋으냐
하루 온종일
2자만 만들고 있구나

거울을 통해 자기의 얼굴을 바라보듯
자신의 시를 통해 자신을 있는 그대로 느낄 수 있어야 한다.

NOVEMBER

갈대 2

강변의 갈대들이
손을 흔들어주지 않았더라면
강물은 얼마나
외롭게 흘러갔을까

생각하며 읽는 시가 있고
마음으로 느끼는 시가 있다.

NOVEMBER

비 오는 날

비 오는 날에는
녹두빈대떡 파는
술집에 사람들이 가득하다
비가 술을 당기나 보다

불처럼 뜨겁게 타오르는 가슴으로 시를 쓰자.

NOVEMBER

겨울 1

아무리 추워도
코트 호주머니 속에서
그대 손을 꼭 잡고 걸으면
따뜻하다

가난했던 삶에 감사한다.
그러지 않았다면 나는 시를 만나지 못했을 것이다.

NOVEMBER

국화

찬 바람이 불면
은은하게 부풀어올라
늘 만나던 친구같이
정감 있게 피어난다

시인의 눈에 이 세상이 어찌 아름답지 않겠는가.

NOVEMBER

가을 나무

얼마나 지독한
열병이 들었으면
옷가지 훌훌 벗어버리고
겨울을 맞이할까

남의 시에 함부로 돌 던지는 사람은
좋은 시를 쓸 수가 없다.

1

NOVEMBER

상처 2

떠날 것은

떠나야 한다

떠나지 못하면

참혹한 상처만 남긴다

시인의 양심이 살아 있을 때

세상의 양심도 살아난다.

NOVEMBER

철새

그리움 털어내고 떠나도

다시 그리워

철 따라 찾아오니

철새라 부른다

시인은 교육으로 만들어지는 것이 아니라

시인의 가슴을 갖고 태어나는 것이다.

NOVEMBER

파도

수많은 연인들이
사랑의 말들을 써놓고 떠나지만
파도가 칠 때마다
추억까지 지워버린다

마음이 가난한 사람은 시인이 될 수 없다.

NOVEMBER

기다림 2

한정 없이

기다려도 좋다

그대가 온다는

기약만 있다면

시간과 마음의 여유가 있다고

좋은 시가 나오는 것은 아니다.

NOVEMBER

숫자 놀이

숫자를 잃어버리면
아무것도 할 수 없다
주민등록, 계좌번호, 차량 번호
숫자를 잃어버리는 순간 미아가 된다

농부와 같은 마음으로
부지런하게 삶을 성찰하고 가꾸어야 한다.

NOVEMBER

사진

찰칵 하는 소리와 함께
삶의 한순간이
당신의 인생에
정지되어 남는다

시인은 꿈꾸는 나무와 같다.
마음껏 자랄 때 시다운 시를 쓸 수 있다.

14

NOVEMBER

허탈

내 것인 양

손에 꽉 잡혔던 것을

한순간

놓쳐버리고 말았다

아름다운 시 한 편이 탄생되는 순간,

내 마음은 치열한 전쟁터이다.

NOVEMBER

그리움 5

그리움 한 장
마음 한켠에 펼쳐놓아
늘 기억해도 좋을
추억 만들고 싶다

시의 세계는 너무나 높고 깊고 넓다.
단 한마디로 단정하기는 쉬운 일이 아니다.

NOVEMBER

담쟁이

호기심쟁이 담쟁이넝쿨
무엇이 궁금한지
밤낮없이 담벼락을
기어오르고 있다

자연을 통해 세상을 들여다보는 일,
어렵지만 시인이 가져야 할 항목이다.

NOVEMBER

참기름

한 방울 한 방울
코끝에서 혀끝으로
퍼져가는 고소함에
밥 한 그릇 쓱쓱 비벼 먹고 싶다

시를 읽으면, 시와 이야기를 나누면,
가슴이 따뜻해질 때가 있고 격동을 느낄 때도 있다.

NOVEMBER

인생 2

인생이란

사진기에는

단 한 번밖에

필름을 넣을 수가 없다

시집을 늘 곁에 두고 읽는 행복을 놓치지 마라.

19

NOVEMBER

그대 오는가

그대 오는가
발자국 소리 귀를 모아
듣고 있는데
그대 오는가

진정 그대가 있으므로 행복하다.

NOVEMBER

알

아무리 작은 세계라도
스스로 깨고 나와야
병아리가 되고 장닭이 되서
새벽을 울린다

시를 느끼고, 시를 품고, 시를 생각함은
최고의 고통이자 최고의 기쁨이다.

NOVEMBER

가을 2

눈물이 날 정도로
맑은 하늘 아래
외로움이 찾아오면
눈빛 따뜻한 사람이 보고 싶다

내 심장의 피로 아름다운 시를 쓸 수만 있다면
기꺼이 이 심장을 바칠 것이다.

NOVEMBER

유머 감각

꼭꼭 숨어 있던
유머 감각을 펼쳐놓았더니
배꼽 잡도록
웃음이 터져나왔다

생명이 다하는 날까지 시를 쓰며 살고 싶다.

NOVEMBER

참 고맙다

그대가 있어
외로운 그림자
떨쳐낼 수 있으니
참 고맙다

시는 시인의 삶에서 느낄 수 있는 삶의 온도다.

NOVEMBER

부부

닥쳐올 이별의 시간이 오면
한줌의 재로 날려 보내고
홀로 남아 쓸쓸할 텐데
있을 때 잘해

시와 동행하는 삶은 특별하지 않다.
시를 사랑하는 사람이면 누구나 가질 수 있다.

NOVEMBER

야간열차

갈 길은 멀고
창밖에는 어둠뿐인데
옆 사람은 곯아떨어져 있으니
나른하고 피곤하다

시인의 영혼이 순수하지 아니하다면
혼탁한 이 세상에서 어찌 시를 길어 올릴 수 있을까.

배

아무리 좋은 배라도
흐르는 강물을 외면한 채
항구에 정박되어 있으면
썩어가는 고철일 뿐이다

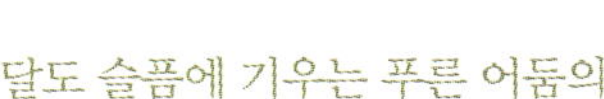

달도 슬픔에 기우는 푸른 어둠의 시간은
내 마음의 창을 열고 시를 받아들이는 순간이다.

NOVEMBER

송곳

아무 잘못도 없는데
곧 찌를 듯한 눈빛을
차마 바라볼 수 없어
두 눈을 질끈 감는다

내 가슴속에 가득했던 슬픔과 상처가
시 한 편을 따라 아름답게 사그라든다.

NOVEMBER

소주 한 잔

해가 저물기 시작하면
가슴이 서늘한 사람들이
피로와 갈증을 풀기 위해
맑은 소주에 목을 축인다

시인이여, 들판의 꽃이 되어
사람들의 마음에 마음껏 피어나라.

NOVEMBER

새벽

마음이 가난한 사람들은

기도를 하고

삶이 가난한 사람들은

힘겹게 일어난다

그리운 사람의 이름을 불러낼 용기가 없었다.

그런 날 나는 시를 쓴다.

NOVEMBER

누구일까

지갑을 잃어버린 날
독기가 확 오른다
남의 것을 훔쳐가고
숨 쉬며 살 놈 누구냐

흔들림 없이, 처음 시를 썼던 마음으로.

DECEMBER

DECEMBER

인기

물기둥 같아서

솟아올랐다

사라지고 나면

고독만 남는다

어떤 순간에도 어린아이 같은 순수함을 잃지 말자.

DECEMBER

망각

처절한 고통의 순간을

늘 또렷하게

기억한다면

살 수 없다

시인은 이야기꾼이다.

소재가 많아야 좋은 시를 쓸 수 있다.

DECEMBER

강물 4

강둑에 올라
흐르는 강물을 바라본다
강물과 같이 흐르면
가 닿을 수 있을까

시가 때로는 절망에 빠진 사람들에게 건네는
따뜻한 손이 될 수 있다.

4

DECEMBER

등산

산 위에 오르는 것은
발아래 세상을 바라보며
더욱 깊고 넉넉하게
겸손한 마음을 배우기 위함이다

시인이란 이름으로 삶을 꿈꾸는 이들이여,
세월이 흘러도 지금 뛰는 가슴의 고동을 잊지 말자.

DECEMBER

앵무새

니 목소리를 한번
제대로 내보아라
어떻게 남의 목소리
흉내만 내고 사느냐

유명한 시인이 되지 않아도 좋다.
지금 이 순간 시를 쓸 수 있는 것이 행복하다.

DECEMBER

겨울 2

이가 덜덜 떨리고
발을 동동 구른다
춥고 배고플 때
집이 제일 그립다

절필하는 시인의 고통은
이루 말할 수 없는 큰 고통이다.

DECEMBER

돌멩이

돌멩이가 될 때까지
얼마나 오랜 세월이 흘렀을까
얼마나 아프고 외로웠을까
잘 견디었다!

삶의 고통과 떨어질 수 없기에
시인으로서의 삶도 벗어버릴 수 없다.

DECEMBER

단 하루를 살더라도

단 하루를 살더라도
꿈을 가지고 살아야지
먼지나 날리다 가지 말고
열매를 맺으며 살아야지

진실로 간절히 바란다면
어둠 속에서 빛을, 가슴속에서 시를 찾을 수 있다.

9

DECEMBER

동행

인생에

동행할 수 있는

사랑하는 사람이 있다는 것은

가장 큰 축복이다

일상 속에서 나를 발견하게 되는 일,

그것이 시인으로서의 첫 걸음이다.

DECEMBER

사랑의 길목

사랑의 길목에서
그대를 만났으니
목숨이 다하는 날까지
뜨거운 열정으로 사랑하고 싶다

시인은 아름다움을 찾기 위해 고뇌한다.

DECEMBER

12월

한 장 남아 있는 달력

달려온 만큼

유종의 미로 아름답게

열매를 맺고 싶다

시를 쓸 수 있는 축복과 자유를 마음껏 누려라!

DECEMBER

밤비

밤비가 내리는 날은
울적하고 허전하고
고독하고 쓸쓸해
커피를 마시고 술을 찾는다

누군가가 읽어준다는 기쁨은
시인에게 시를 쓸 수 있는 큰 용기와 힘을 준다.

DECEMBER

바다 3

늘 갇혀 사는 것만 같을 때

무작정 기차에 올라

탁 터진 바다를

가슴에 담는다

이 시대를 위하여,

이 시대 사람들을 위하여 시를 써라!

14

DECEMBER

장작불

얼기설기 놓아야
장작 타는 소리가
더욱 선명하게
활활 타오른다

시에서 한 사람의 독특한 흔적을 발견하는 것은
시를 좋아하는 독자의 기쁨이다.

DECEMBER

보름달

어둠 속 창백한 얼굴이

좋은 이유는

무엇일까

차갑게 웃고 있다

시는 이 시대의 어두운 곳을 밝히는 등불이다!

DECEMBER

이별 3

까무라치도록 좋다 하더니
따리만 틀어놓고
상처만 남겨놓고
세월의 마디 끊고 달아났다

새롭고 독특한 시선보다는
삶의 일상을 그대로 껴안는 따뜻함에 더 마음이 간다.

DECEMBER

비굴

힘들고 고달픈 인생살이
덩실덩실 어깨춤 한번 추면
즐거워질 터인데
왜 낙심하며 비굴하게 사느냐

어두운 시대일수록 순수한 작품을 보여주자.

DECEMBER

참새

온종일 날아다니며
나뭇가지에 앉아
종알종알 떠든다
참새는 수다쟁이다

시는 언어의 바다에 띄우는 배와 같다.

DECEMBER

기도 2

바쁘게 가던 발걸음

잠시 멈추고

자기와 생명을 돌아보는

작은 몸짓

작은 들꽃도 시로 다시 태어난다면

그 생명력은 더 크고 위대해질 수 있다.

DECEMBER

국밥 한 그릇

배고파 국밥 한 그릇
뚝딱 맛있게 먹고
트림 한번 하고 나면
삶이 왠지 좋아진다

사람 사는 곳에 시가 있고
시가 있는 곳에 생명이 있다.

DECEMBER

강물 5

어디서 만나도
한 마음으로 흘러간다
쉼도 없이 머물지 않고
바다로 흘러간다

나의 삶과 우리의 삶을 행복하게 하기 위해
시는 존재한다.

DECEMBER

겨울밤

차갑게 얼어붙은 늦은 귀갓길
허전한 속을 채우는 데
고소한 군밤만큼
어울리는 것이 있을까

시인에게 자기연민은 필요치 않다.
그저 우리 모두를 사랑하는 넉넉한 마음이면 된다.

DECEMBER

입술

유혹적일 때

달콤할 때

사랑의 고백이 쏟아질 때

마음을 뒤흔든다

서로가 서로의 영혼인 사람들을 위해

시인은 사랑의 세레나데를 부른다.

24

DECEMBER

삶 5

결국

삶은 외로운 발자국을

홀로 남기고

떠나가야 한다

시는 시인의 얼굴이요, 삶의 참모습이다.

DECEMBER

구름 2

하늘에 떠 있는
구름도 계절마다
다른 풍경을 만들며
시간의 흐름을 알려준다

추운 겨울이면 풍경은 내려앉고, 시인의 귀는 예민해진다.
하얀 구름 사이를 떠도는 바람 소리를 듣기 위해.

DECEMBER

고삐

고삐가 풀리면
나사 한번 화끈하게
조이고 살자
정신 번쩍 나도록

희망과 치유의 메시지가 담긴 시를 쓰고 싶다.

DECEMBER

군고구마

찬 바람 쌩쌩 부는 날
방금 구워내 따끈따끈한
껍질을 살살 벗겨 먹으면
입안이 화끈하고 달콤하다

가끔은 글로 된 시가 아니라
자연의 소리만으로 채워진 시를 느껴라.

DECEMBER

고속도로

태양이 떠오를 때
고속도로를 달리는 것은
풍경 속으로
빠져드는 기쁨을 준다

시인의 허상을 벗고 진실을 찾을 때
비로소 좋은 시를 쓸 수 있다.

DECEMBER

쥐

소견머리 하나 없는 놈
못된 짓만 하면서
세상에 왜 사냐
왜 살아

아름답기 어려운 삶 속에서
아름다움을 찾아내는 것이 시인의 사명이다.

DECEMBER

항구

떠난 님을 기다리다
돌이 되어버린
망부석을 지키는
애틋한 항구여

쓸쓸한 듯 과거를 보지 마라.
그 시간들이 오늘의 시인들을 키워냈다.

DECEMBER

겨울 강가

냉가슴 앓듯 꽁꽁 얼어붙어
꼼짝 못할 것 같아도
강 밑으로
봄소식이 흐른다

삶의 마지막 숨결이 몰아치는 순간에도
시를 쓸 수 있기를 바란다.

나는 행복합니다

살면서 살면서
내 마음에 남아 있는 사람은
바로 당신입니다

햇살을 가득 안고 있는
당신을 보면
나도 행복하게 웃을 수 있습니다

하루를 텅 비워 놓고
당신을 만나면
마음이 편해집니다

내 마음의 빈터에
당신이 찾아올 때
나는 행복합니다

용혜원 시집 《우리 서로 사랑할 수 있다면》 중에서

사랑을 노래하고 웃음을 강의하는 시인 용혜원

'유머 컨설턴트', '열정 깨우기 강사'라는 독특한 직함을 가진 시인이다. 사랑을 노래하는 데서 그치지 않고, 자신을 부르는 곳이면 어디든 달려가 사람들에게 열정과 희망과 사랑과 웃음을 불어넣어 주고 있다. 이 책 《365일 매일 읽는 향기로운 시 한편》에서는 활발한 작품활동을 통해 쌓아온 그만의 감성을 바탕으로, 삶에서 詩를 만나고, 보고, 느끼는 순간들을 짧고 서정적인 4행시로 표현해냈다.

《문학과 의식》을 통해 등단했으며 한국문인협회 회원, 한국기독교문인협회 이사로 활발한 창작활동을 하고 있다. 67권의 시집과 5권의 시선집을 비롯한 148권의 저서가 있다. 《한국경제신문》과 한국강사협회에서 명강사로 선정되었고, 현재 유머자신감연구원 원장으로 활발한 강연 활동을 하고 있다.

365일 매일 읽는

향기로운 시 한편

초판 1쇄 인쇄 2011년 2월 10일
초판 1쇄 발행 2011년 2월 21일

지은이 | 용혜원
펴낸이 | 한 순 이희섭
펴낸곳 | 나무생각
편집 | 정지현 이은주
디자인 | 이은아
마케팅 | 김종문 이재석
관리 | 김하연
출판등록 | 1998년 4월 14일 제13-529호
주소 | 서울특별시 마포구 서교동 475-39 1F
전화 | 02)334-3339, 3308, 3361
팩스 | 02)334-3318
이메일 | tree3339@hanmail.net
홈페이지 | www.namubook.co.kr

ISBN 978-89-5937-228-7 03810

값은 뒤표지에 있습니다.
잘못된 책은 바꿔 드립니다